Malala Yousafzai?

¿Quién es Malala Yousafzai?

Dinah Brown

Ilustraciones de Andrew Thomson

loqueleo

SANTILLANA USA

loqueleo

Título original: *Who Is Malala Yousafzai?*
© Del texto: 2015, Dinah Brown
© De las ilustraciones: 2015, Penguin Random House LLC.
Todos los derechos reservados.

Publicado en español con la autorización de Grosset & Dunlap,
una división de Penguin Group.

© De esta edición:
2015, Santillana USA Publishing Company, Inc.
2023 NW 84th Avenue
Miami, FL 33122, USA
www.santillanausa.com

Dirección editorial: Isabel C. Mendoza
Coordinación de montaje: Claudia Baca
Servicios editoriales de traducción por Cambridge BrickHouse, Inc.
www.cambridgebh.com

Loqueleo es un sello de **Santillana**. Estas son sus sedes:
ARGENTINA, BOLIVIA, BRASIL, CHILE, COLOMBIA, COSTA RICA, ECUADOR, EL SALVADOR,
ESPAÑA, ESTADOS UNIDOS, GUATEMALA, MÉXICO, PANAMÁ, PARAGUAY, PERÚ, PORTUGAL,
PUERTO RICO, REPÚBLICA DOMINICANA, URUGUAY Y VENEZUELA.

¿Quién es Malala Yousafzai?
ISBN: 978-1-631-13418-0

Published in the United States of America
Printed in the United States of America by Thomson-Shore, Inc

20 19 18 17 16   2 3 4 5 6 7

Índice

¿Quién es Malala Yousafzai? 1

Nace una niña 7

Nacida con alas 18

En casa en Mingora 26

Tiempos peligrosos 36

Un diario secreto 47

"¿Quién es Malala?" 64

Lo único que quiero es educación 73

Cada mujer, cada niño, cada niña 79

Una niña con un libro 91

Líneas cronológicas 102

¿Quién es Malala Yousafzai?

Cuando Malala Yousafzai era una niña pequeña en Mingora, Pakistán, decidió que quería ser doctora cuando creciera. Sabía que debía ir a la escuela por muchos años y estudiar muy duro. Pero a Malala no le importaba. Le encantaba todo lo relacionado con la escuela. Le encantaba leer. Le encantaban la geografía y las ciencias. Le encantaba estudiar religión. Le gustaba escribir y leerles cuentos en voz alta a sus compañeros de clase. Cuando su maestra hablaba sobre algo nuevo, ella ansiaba aprender más. Los exámenes eran difíciles, pero también eran divertidos, sobre todo cuando había estudiado mucho y sabía las respuestas.

Más adelante, cuando Malala tenía diez años, su vida cambió. La guerra llegó a Mingora, la ciudad donde vivía. Un grupo de violentos combatientes llamado el Talibán tomó el control de su adorado valle Swat. Decían que pronto las niñas dejarían de ir a la escuela. No los niños. Solo las niñas.

El Talibán empezó a destruir las escuelas femeninas. El ejército pakistaní llegó para detenerlos. Mingora se volvió una zona de guerra. Era muy peligroso. La gente tenía miedo de salir.

Malala se preguntaba cómo podría llegar a ser doctora si no le permitían aprender. Deseaba poder hacer algo para mantener abierta su escuela. Muchas estaban cerradas y pocos estudiantes se atrevían a ir a las que estaban abiertas. De todos modos, Malala iba todos los días a la escuela.

Malala levantó su voz de protesta. Les dijo a los periódicos locales que temía que el Talibán cerrara su escuela. Habló de lo aterradora que se había vuelto su vida. Dijo que lo que más quería era ir a la escuela.

Malala se fue volviendo famosa. La gente hablaba de ella. Algunos combatientes talibanes averiguaron su nombre y decidieron vengarse. El 9 de octubre de 2012, dos de ellos detuvieron el autobús de su escuela. Uno caminó hacia la parte de atrás y observó a todos. Luego le disparó a Malala.

Malala Yousafzai tuvo la suerte de sobrevivir. La llevaron a un hospital, donde se recuperó.

¿Dejó de protestar?

No.

Cuando se mejoró, siguió trabajando por el derecho de todos los niños a la educación. Pero nunca dejó de aprender, de estudiar ni de ir a la escuela.

El 12 de julio de 2013, habló frente a cientos de jóvenes en la Asamblea de la Juventud de la ONU en la ciudad de Nueva York. "Y aquí estoy, una niña entre muchas", dijo. "Hablo; no por mí, sino por todas las niñas y los niños. Alzo mi voz; no para gritar, sino para que los que no tienen voz sean escuchados".

Malala Yousafzai quería una cosa: su educación. Alzó su voz y la gente la escuchó. Las cosas empezaron a cambiar, poco a poco, hasta que el mundo entero estaba escuchando.

Capítulo 1
Nace una niña

El 12 de julio de 1997, Malala Yousafzai nació en la ciudad de Mingora, Pakistán. Afuera del cuarto de sus padres, un nuevo día estaba por comenzar. Pronto la ciudad se llenaría de vida con el sonido de las bocinas de los carros, la gente y la música. Pero todavía era temprano. El sol apenas se asomaba detrás de las montañas a las afueras de la ciudad. Un gallo cantó. Una moto pasó por la calle.

Como muchas familias en su humilde barrio, los Yousafzai no tenían dinero para un doctor o una partera. En su lugar, una vecina vino a ayudar con el parto. Cuando Tor Pekai Yousafzai recibió a su primer bebé, sintió amor al instante. Pero también había tristeza en su corazón. Tor Pekai sabía lo que le esperaba a esta pequeña niña. Sus amigos y vecinos en Mingora no celebrarían su nacimiento. Si hubiera sido un niño, habrían traído regalos, comida y poemas.

Tor Pekai creció en un pueblito remoto en las montañas. La mayoría de las niñas no iban a la escuela. Pero Tor Pekai quería aprender. Cuando tenía seis años comenzó a ir la escuela del pueblo. Era tan raro ser una niña en la escuela, que pronto se rindió.

Sin embargo, en Mingora y muchas otras áreas del valle Swat, era común que los niños y las niñas asistieran a la escuela. La primera escuela para niñas se construyó en la década de 1920. También se construyeron escuelas secundarias y universidades. Los gobernantes pensaban que tanto las niñas como los niños debían recibir una educación. Pakistán estaba orgulloso de los graduados del área Swat, que eran maestros, doctores y otros tipos de profesionales.

El padre de Malala también creció en un pueblito en las montañas. Él también valoraba la educación de las niñas. Cuando Ziauddin vio a su bebita, no

se desilusionó. Se sintió orgulloso. Él se aseguraría de que ella tuviera las mismas oportunidades en la vida que tenía cualquier niño.

Tres años antes, Ziauddin había construido una escuela primaria para niños y niñas. La llamó Escuela Khushal. Él era el maestro. Planeaba construir más

escuelas, luego otras y otras más. Una escuela secundaria para niñas, otra para niños, hasta que cada niño de Mingora tuviera un lugar donde ir a aprender.

Ziauddin creció en una familia religiosa musulmana. Su padre era maestro. Le enseñó a Ziauddin

EL ISLAM

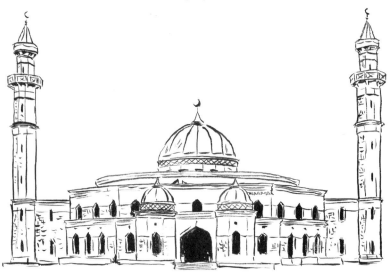

EL ISLAM ES UNA RELIGIÓN PACÍFICA
PRACTICADA POR MÁS DE MIL MILLONES DE
PERSONAS EN TODO EL MUNDO. LOS MUSULMANES
SIGUEN LA FE ISLÁMICA. EL ISLAM ENSEÑA
QUE HAY UN SOLO DIOS, CONOCIDO COMO ALÁ
EN EL LENGUAJE ÁRABE. LAS PALABRAS DE ALÁ
SE REVELAN EN EL LIBRO SAGRADO DEL ISLAM,
LLAMADO CORÁN. LAS CASAS DE ORACIÓN
MUSULMANAS SON LLAMADAS MEZQUITAS.

que los niños y las niñas eran sagrados, y que todos necesitaban aprender. Le explicó que era importante ayudar a los demás. Ziauddin escuchó.

Ziauddin era de estatura baja. Su piel era más oscura que la de otros niños. Tartamudeaba cuando trataba de hablar en clase. A veces, los niños lo acosaban o lo ignoraban. Con frecuencia se sentía como un extraño.

Mucha gente trató de incorporarlo a grupos peligrosos. Querían que pensara de cierta forma. Mientras más leía, más aprendía a tener sus propias ideas. Cuando creció, se dio cuenta de que la escuela lo salvó.

Cuando nació Malala, Ziauddin miró a su pequeña hija y se preguntó qué nombre debía ponerle. Esta niña debe llevar el nombre de una mujer libre y fuerte. Ziauddin estudió su árbol familiar. Se remontaba a trescientos años atrás. Sin embargo, no pudo encontrar ningún nombre de mujer. Pero en su cultura pashtún, había muchas heroínas, muchos nombres de donde escoger. Al final decidió llamarla

LOS PASHTUNES

LOS PASHTUNES VIVEN EN EL PAÍS DE AFGANISTÁN Y EN LA ESQUINA NOROESTE DE PAKISTÁN. MUCHOS VIVEN EN LAS MONTAÑAS Y ESTÁN ACOSTUMBRADOS A UNA VIDA DURA.

A TRAVÉS DE LA HISTORIA, LOS PASHTUNES HAN COMBATIDO MUCHOS ENEMIGOS. ESTÁN ORGULLOSOS DE SU CULTURA. NO HAN QUERIDO PERDER SUS TRADICIONES. CREEN EN EL RESPETO Y LA GENEROSIDAD HACIA LOS DEMÁS. VALORAN LA LEALTAD A LA FAMILIA, LOS AMIGOS Y LOS VECINOS. CASI TODOS LOS PASHTUNES PRACTICAN LA RELIGIÓN ISLÁMICA.

como una joven valiente que amó a su país: Malalai
de Maiwand. Tomó una pluma y escribió el nombre
de su pequeña hija: *Malala*.

MALALAI DE MAIWAND

HABÍA UNA VEZ UNA NIÑA LLAMADA MALALAI. VIVÍA EN UN PEQUEÑO PUEBLO DE AFGANISTÁN, CERCA DE PAKISTÁN. MALALAI ERA HIJA DE UN PASTOR. EN 1880, LOS BRITÁNICOS ESTABAN TRATANDO DE OCUPAR AFGANISTÁN. MUCHOS NIÑOS Y JÓVENES PARTICIPARON EN LA BATALLA QUE SE LIBRÓ PARA DETENERLOS. EL PADRE DE MALALAI Y EL JOVEN QUE ELLA AMABA TAMBIÉN LUCHARON. LA BATALLA DE MAIWAND OCURRIÓ CERCA DE LA CASA DE MALALAI. ELLA AYUDÓ CUIDANDO A LOS SOLDADOS AFGANOS HERIDOS. TEMÍA POR LOS HOMBRES. NO QUERÍA QUE SE RINDIERAN. ENTONCES, SE QUITÓ EL VELO Y LO AGITÓ AL VIENTO. LUEGO EMPEZÓ A CANTAR.

CON UNA GOTA DE LA SANGRE DE MI AMOR
DERRAMADA EN DEFENSA DE LA PATRIA,
ME PONDRÉ UN PUNTO EN LA FRENTE,
TAN BELLO QUE DEJARÁ AVERGONZADA
A LA ROSA DEL JARDÍN DE ENFRENTE.

AL OÍR LA CANCIÓN, LOS SOLDADOS AFGANOS PELEARON CON MÁS FUERZA Y GANARON LA BATALLA. PERO DURANTE EL COMBATE, A MALALAI LA ALCANZÓ UN DISPARO Y MURIÓ. MALALAI DE MAIWAND ES UNA HEROÍNA. ES LA CHICA QUE AYUDÓ A CAMBIAR EL CURSO Y DETENER A LOS BRITÁNICOS.

Capítulo 2
Nacida con alas

Cuando Malala tenía dos años, nació su hermano Khushal. Los vecinos trajeron regalos, comida y risas. El futuro de este niño estaba lleno de posibilidades, dijeron mientras celebraban. Quizás hasta vaya a la universidad. Tal vez se convierta en doctor, o maestro como su padre.

Ziauddin sabía que Malala los escuchaba. Él era un hombre de buenos modales. No quería ofender a sus invitados al señalar que las escuelas que él estaba abriendo en Mingora eran para niños *y* niñas. Tal vez Khushal y Malala irían *ambos* a la universidad y los dos se convertirían en doctores.

A Malala le encantaba el salón de clases de su padre. A veces, cuando era pequeña, se paraba al frente del salón vacío y jugaba a ser la maestra.

A medida que se hacía mayor, a Malala comenzó a gustarle ayudar a su mamá en la cocina. Cuando la familia se mudó de los cuartitos apretados junto a la escuela, estaba ansiosa por ayudarle a su mamá en su nuevo jardín.

Ahora tenían más espacio. En las tardes, los vecinos se reunían en el portal y disfrutaban la comida que Malala ayudaba a preparar.

A veces se sentaba con las mujeres. Hablaban de sus días y miraban la puesta del sol detrás de las montañas que se extendían más allá de los lagos y los pastizales en el hermoso valle Swat.

Pero la mayor parte del tiempo lo pasaba con los hombres. Le encantaba escucharlos intercambiar historias y hablar de política. Con frecuencia, su padre recitaba poemas o hablaba de héroes, como su tocaya, Malalai. A veces recitaba poemas de su poeta favorito, Rumi.

Más tarde, Malala diría que su padre le permitió crecer. "No me dio nada extra," dijo, "pero nunca me cortó las alas. Me dejó volar. Me dejó alcanzar mis metas".

LOS POEMAS DE RUMI

MALALA CRECIÓ ESCUCHANDO LOS POEMAS DEL GRAN POETA RUMI. RUMI NACIÓ EL 30 DE SEPTIEMBRE DE 1207, EN LO QUE AHORA ES AFGANISTÁN. HABLÓ Y ESCRIBIÓ SOBRE LO QUE ÉL CONSIDERABA LO MÁS IMPORTANTE EN LA VIDA. ESTOS SON ALGUNOS DE SUS PENSAMIENTOS.

"IGNORA A AQUELLOS QUE TE HACEN SENTIR TEMEROSO Y TRISTE".

"QUIERO CANTAR COMO CANTAN LOS PÁJAROS, SIN IMPORTAR QUIÉNES ME ESCUCHAN O QUÉ PIENSAN".

"NO TE CONFORMES CON CUENTOS, CON COSAS QUE HAN HECHO OTROS. DESPLIEGA TU PROPIO MITO".

"SÉ UNA LÁMPARA, UN BOTE SALVAVIDAS O UNA ESCALERA. AYUDA A ALGUIEN A SANAR SU ALMA. SAL DE TU CASA COMO UN PASTOR".

"DENTRO DE TI HAY UN ARTISTA A QUIEN NO CONOCES".

Capítulo 3
En casa en Mingora

Para cuando nació el segundo hermano de Malala, más de ochocientos niños estudiaban en las escuelas de Ziauddin: una primaria para niños y niñas, una secundaria para niños y una secundaria

para niñas. Malala tenía siete años y Khushal tenía casi cinco cuando nació el nuevo bebé.

Como en la mayoría de las familias de Pakistán, toda la familia se reunía para comer. El desayuno se servía muy temprano. Los hombres y los niños iban a una mezquita cercana, un lugar para rezar. Las mujeres y las niñas rezaban en casa.

En la escuela de su padre, Malala tomó muchos cursos. Estudió tres idiomas: pashtún, inglés y urdu, el idioma oficial de Pakistán. Aprendió matemáticas, ciencias, historia y estudios islámicos.

Su madre, Tor Pekai, también estaba ansiosa por aprender. No sabía leer ni escribir, pero todos los días disfrutaba escuchando a su hija hablar de lo que había aprendido en la escuela.

Como la mayoría de sus compañeros de clase, Malala hablaba pashtún en casa. En la escuela, los maestros daban las clases en inglés y en urdu. Malala pronto pudo hablar y entender los tres idiomas.

Algunas familias pagaban unos pocos dólares al mes para que sus hijos asistieran a las escuelas privadas de bajo costo de Ziauddin. Otros niños no tenían dinero para pagar, pero su padre los recibía igual.

Ziauddin y su familia ahora tenían un poco más de dinero. Compraron discos compactos y libros. A Malala le encantaba leer. Al terminar la serie de *Crepúsculo*, ¡pensó que sería divertido ser vampiro!

Los Yousafzai también compraron un televisor. A veces veían programas de Islamabad, la capital de Pakistán. Y de vez en cuando había programas de países lejanos, como Inglaterra, Australia y Estados Unidos. *Betty la fea*, un programa sobre una joven que trabajaba en una revista, era uno de los favoritos de Malala.

Malala se empezó a dar cuenta de que la gente hablaba y se vestía de diferentes formas en diferentes lugares. Sus padres le explicaron que la gente se puede ver diferente, pero lo que importa es quiénes son por dentro.

A Malala le encantaba ir al mercado con su madre. Había muchos puestos diferentes. Compraba juguetes, dulces y pulseras brillantes. Examinaba las pañoletas de colores y los DVD más recientes. Veía cómo el zapatero fabricaba zapatos, y ayudaba a su madre a escoger frutas y verduras.

Al ir creciendo, iba pasando más tiempo con las mujeres y menos con los hombres. Pero con frecuencia, les servía té y se quedaba a escucharlos. A los ocho o nueve años, comenzó a escuchar más conversaciones sobre política que de poesía, y mientras más oía, más le interesaba.

Alguien mencionó la guerra en el país vecino de Afganistán. Un grupo violento y estricto llamado el Talibán obligaba a las mujeres a obedecer leyes severas. Las niñas y las mujeres tenían prohibido salir de su casa a menos que fueran con un hombre. Y el hombre debía ser un pariente. Las mujeres no podían trabajar fuera de casa. Las niñas no podían

ir a la escuela. Muchas mujeres que desobedecieron las leyes del Talibán recibieron terribles golpizas o fueron asesinadas.

Alguien más mencionó a un hombre de la estación de radio local. Él hablaba de impedir que las niñas de Mingora fueran a la escuela.

Malala no lo podía creer. ¿Cómo podía alguien decir que las niñas no debían ir a la escuela? A diferencia de su hermano Khushal, ella disfrutaba hacer la tarea, escribir ensayos y estudiar para los exámenes. Había ganado muchos premios por sacar las mejores calificaciones o ser la mejor de su clase. Le encantaban todos los libros que su padre encontraba para que leyeran sus estudiantes. Le gustaba mucho hablar frente a la clase y ver a sus amigas todos los días. Sobre todo a su amiga Moniba. Moniba también era muy inteligente. Muchas veces, ella y Malala se peleaban por tonterías. Pero eso no significaba que no fueran las mejores amigas.

Malala no podía imaginar cómo sería su vida si no pudiera ir a la escuela. Tenía miedo.

Capítulo 4
Tiempos peligrosos

Cuando Malala era pequeña, había muchos turistas en el valle Swat. Algunos llegaban para los festivales de verano de música y baile. Otros se sentaban a orillas del río Swat o escalaban las montañas. Muchas veces, no iban vestidos de la misma manera que la gente de Swat. Malala sabía que mujeres y niñas de diferentes partes del mundo tenían costumbres diferentes.

Malala también sabía que la región de Swat no era tan moderna como otros lugares de Pakistán. Había mujeres en la gran ciudad de Islamabad que se vestían como las mujeres de Europa y Estados Unidos que había visto en la tele. La mayoría de las niñas de Mingora no se vestían así. Se envolvían el cuerpo en pañoletas o mantos cuando salían. También se cubrían la cabeza.

En el pueblito de su madre en las montañas, las mujeres se vestían de forma incluso más tradicional. Preferían ponerse una vestimenta llamada burka cuando salían de sus casas. La burka les cubría el cuerpo entero y la cara, con recortes para poder ver.

En 2007, Malala tenía diez años. Para entonces, los miembros del Talibán se empezaban a apoderar del valle Swat. Decidieron que todas las mujeres llevaran burkas. El Talibán quería arrebatar la libertad de las mujeres. En una estación de radio, un talibán gritaba cosas temibles. Anunció que, además de llevar burkas, las niñas y las mujeres de

Mingora debían quedarse en casa. No podrían ir al mercado solas. Solo podrían salir con un pariente varón. Las mujeres que no obedecieran estas reglas serían castigadas.

¿Eso era todo?

¡No!

Las mujeres no podrían votar. Ni trabajar. Ya no habría doctoras, y las mujeres tenían prohibido consultar a doctores varones. No podrían ir a los hospitales. Eso significaba que no habría manera de que una mujer enferma recibiera tratamiento. La música y el baile estaban prohibidos. Los televisores, los discos compactos y las computadoras serían quemados. Solo se podía leer libros religiosos. Las

escuelas femeninas serían destruidas si no se cerraban. Los maestros y directores que continuaran dando clases a niñas serían castigados.

El hombre decía que los buenos musulmanes nunca permitirían que las niñas fueran a la escuela. Malala sabía que eso no era cierto. Su familia, amigos y vecinos eran todos buenos musulmanes. Eran muy religiosos. Rezaban todos los días. También creían que todos los niños debían recibir educación. En sus clases de religión, Malala aprendió que los musulmanes creían en la paz y en la bondad hacia los demás.

Una tarde un hombre llegó a casa de Malala y le dijo a Ziauddin que cerrara la escuela secundaria para niñas. El padre de Malala se negó. Malala tenía miedo. ¿Y si le pasaba algo a su padre?

Otras escuelas fueron destruidas. Los talibanes se metían a las casas. Buscaban libros "ilegales". Destruían televisores y juegos de video. Cerraron los cines y los lugares donde la gente iba a escuchar música y a bailar.

Las doctoras y maestras abandonaban el área en busca de trabajo en lugares más seguros. Ya no había mujeres en el mercado, y los hombres tenían miedo, muchas de las tiendas cerraban. Los hombres tenían prohibido rasurarse. Las peluquerías también cerraban.

Había talibanes armados por todas partes. La gente tenía miedo de salir. Ziauddin no cerró sus escuelas, pero muchos estudiantes tenían miedo del Talibán y se quedaban en casa.

A finales de 2007, el ejército pakistaní llegó para detener al Talibán. Mingora y la mayor parte del valle Swat se convirtieron en zona de guerra. Había bombardeos de día y de noche. La mayoría de la gente se quedaba en sus casas. Pero algunos niños seguían asistiendo a la escuela. Entre ellos, Malala.

La lucha entre los soldados pakistaníes y el Talibán siguió por casi todo el año 2008. Luego de muchos meses, parecía que el ejército iba ganando. Todos esperaban que el Talibán se fuera para

siempre. La vida pronto volvería a la normalidad.
El ejército pakistaní abandonó el valle Swat.

Pero el Talibán no se había ido. Las amenazas
por radio comenzaban de nuevo. La gente que no
obedecía era castigada severamente.
Quemaban tiendas. Para finales

de 2008, ya habían destruido más de 150 escuelas femeninas en Mingora.

Malala se dio cuenta de que su escuela corría peligro. También sabía que era afortunada. Si su escuela cerraba, su padre seguiría dándole clases. Él encontraría libros de matemáticas, ciencias y literatura para que ella leyera. Pero la mayoría de las niñas de Mingora no eran tan afortunadas como ella. ¿Qué pasaría con ellas?

Capítulo 5
Un diario secreto

En diciembre, sucedió lo que Malala temía más.
Llegó una orden del Talibán: las escuelas femeninas
de Mingora no abrirían después de las vacaciones
de invierno. El Talibán dijo que los niños regresa-
rían a la escuela, pero las niñas no. Malala y sus
amigas estaban muy tristes. ¿Era verdad? ¿Cómo
sería su vida sin poder ir a la escuela?

Un día, un reportero de la BBC en Pakistán le pidió ayuda a Ziauddin. El sitio web en urdu de la BBC buscaba una maestra que escribiera sobre el cierre de las escuelas en Mingora. Ziauddin habló con algunas maestras, pero ellas se negaron. Le tenían miedo al Talibán. Escribir sobre lo que pasaba en su ciudad era demasiado peligroso.

Malala había alzado la voz antes, y lo había disfrutado. En septiembre de 2008, dio un discurso en un club de reporteros de su ciudad. El discurso se tituló "¿Cómo se atreve el Talibán a quitarme mi elemental derecho a la educación?". Los periódicos de todo el país escribieron sobre su discurso. Fue agradable haberle dicho a la gente cómo se sentía. Dijo lo que creía y no pasó nada malo.

Ziauddin pensó que su hija era la persona per-
fecta para escribir el blog para la BBC. Le preguntó
a Malala. Ella tenía solo once años. No sabía muy
bien cómo escribir un diario, pero estaba dispuesta
a intentarlo.

LA BBC

LA CORPORACIÓN DE COMUNICACIÓN BRITÁNICA (BBC, POR SUS SIGLAS EN INGLÉS), TIENE SU BASE EN LONDRES, INGLATERRA. TRANSMITE PROGRAMAS DE TELEVISIÓN, DE RADIO Y DE INTERNET EN TODO EL MUNDO, INCLUYENDO BBC AMÉRICA. LOS PERIODISTAS DE LA BBC REPORTAN LAS NOTICIAS DE TODOS LOS PAÍSES EN MUCHOS IDIOMAS DIFERENTES. EL BLOG DE MALALA, DIARIO DE UNA ESTUDIANTE PAKISTANÍ, FUE ORIGINALMENTE PUBLICADO EN EL SITIO WEB DE LA BBC EN URDU.

Los padres de Malala hablaron con el hombre de la BBC. Todos sabían que Malala haría un buen trabajo, pero debían considerar muchas cosas.

Malala temía que algo malo le pasara a su padre si escribía el blog. El hombre de la BBC temía también por Ziauddin y por Malala.

Ziauddin no estaba preocupado por Malala. "Nadie lastimaría a una niña", pensaba. Eso parecía imposible. Estaba fuera de discusión.

El hombre de la BBC habló muchas veces con Malala y con sus padres. Al final, se tomó la decisión. Malala escribiría el blog, bajo una condición: usaría un nombre falso.

El blog de Malala se llamaría *Diario de una estudiante pakistaní*. Y usaría el nombre de Gul Makai. Este era el nombre de una niña valiente en un famoso cuento tradicional pashtún. Malala iba a escribir notas y se las iba a leer al reportero por teléfono todos los días. Le diría cómo se sentían ella y sus amigas y lo que pasaba en su casa y en la escuela. El reportero pondría sus palabras en el sitio web.

El sitio web de la BBC empezó a publicar el *Diario de una estudiante pakistaní* el 3 de enero de 2009, en urdu y en inglés. Se publicaron varios aportes.

Las palabras de Malala hablaban de alistarse para ir a la escuela y estudiar para los exámenes. Todas las niñas temían que la escuela no abriera después de las vacaciones de invierno. Había bombardeos en las noches y las niñas tenían miedo. Temían que su

escuela fuera destruida como tantas otras en Mingora. Sin embargo, el ejército pakistaní combatía
al Talibán. Tal vez ganarían y la escuela no tendría
que cerrar.

Al mismo tiempo, el periódico *New York Times*
filmaba un documental sobre los talibanes que

estaban invadiendo el valle Swat y cerrando las escuelas femeninas en Mingora. Allí se mostraba a Malala y a su padre. Las cámaras recorrieron las calles de Mingora por seis meses, filmando los enfrentamientos entre el ejército pakistaní y los combatientes talibanes.

Se oían disparos por todas partes. La gente estaba desesperada por abandonar la ciudad. Hombres, mujeres y niños aterrados se trepaban a los techos de camiones y autobuses que salían de la ciudad.

Malala y Ziauddin hablaron sobre las bombas
que explotaban afuera de su casa noche tras noche,
impidiéndoles dormir. Malala dijo que su padre ya
no podía llevarla a la escuela. Era demasiado peligroso para él que lo vieran afuera. A ella le gustaba su uniforme azul de la escuela, pero ya no se
lo podía poner. Los pocos estudiantes que todavía
asistían a clases llevaban ropa normal para que los
talibanes no supieran a dónde iban.

Su escuela pronto cerraría, dijo ella, cubrién-
dose la cara, tratando de no llorar. Quería estudiar
para ser doctora. Los doctores deben estudiar por
muchos años. ¿Cómo podía alcanzar su sueño si ya
no había escuela?

En enero de 2009, los talibanes hicieron lo que
Malala tanto temía. Ordenaron que todas las escuelas femeninas cerraran para siempre el 15 de enero.

Las escuelas masculinas seguirían abiertas, pero las niñas debían quedarse en casa.

El 14 de enero, cuando terminó la escuela, Malala se despidió de Moniba y de sus otras amigas. Nadie sabía qué iba a pasar.

Malala pasaba los días leyendo, peleando con sus hermanos y hablando con el reportero de la BBC.

En febrero, el *Diario de una estudiante pakistaní* ya se leía por todo Pakistán y en muchas otras partes del mundo. Malala siguió escribiéndolo hasta el 12 de marzo. El nombre Gul Makai se hacía famoso en Swat. La gente se preguntaba quién era. Malala no le dijo a nadie.

Como Ziauddin tenía varias escuelas femeninas, mucha gente quería entrevistarlo sobre lo que pasaba en el valle Swat. Querían también hablar con su hija. Malala apareció en un programa de entrevistas en la televisión. El conductor le hizo preguntas sobre la guerra y el cierre de las escuelas en Mingora.

La mayoría de la gente en Pakistán creía en la educación para niñas. Estaban molestos por lo que pasaba en el valle Swat. Muchos habían leído el diario de Malala. Los líderes del Talibán debían escuchar. En febrero, parecía que los talibanes cambiaban de opinión. Anunciaron que las niñas podían volver a la escuela. Malala y sus amigas estaban emocionadas de regresar a sus clases. Pero a pesar de que algunas escuelas femeninas estaban otra vez abiertas, los enfrentamientos en Mingora empeoraban. Era peligroso caminar en la ciudad. Muchos estudiantes se quedaron en sus casas. Otros abandonaron la ciudad junto con sus familias.

En mayo, Ziauddin vio que no tenían alternativa. Cerró sus escuelas otra vez. Malala y su familia empacaron lo que pudieron y huyeron de Mingora.

Durante varios meses vivieron con parientes en ciudades cercanas más seguras. Malala extrañaba sus libros, a sus amigas y, en especial, su escuela. Pero se alegraba de haber dejado Mingora y las explosiones.

El 24 de julio, la familia Yousafzai por fin regresó a casa. Mingora era los restos de lo que una vez había sido. La guerra había terminado y los talibanes se habían ido a las montañas. Eso era bueno. Pero los combatientes talibanes sabían quién era Malala. Había hablado en público. Había salido en la tele. Mucha gente había leído su diario en la BBC o mirado el documental del *New York Times*. La gente hablaba de ella.

En agosto, la escuela de Malala volvió a abrir sus puertas. Malala estaba demasiado ocupada estudiando como para preocuparse por el Talibán. Ahora tenía un nuevo sueño. Quería seguir una carrera política. Los políticos trabajan para aprobar leyes que piensan que van a beneficiar a su país. Malala quería asegurarse de que todos los niños en todas partes tuvieran la oportunidad de ir a la escuela.

Capítulo 6
"¿Quién es Malala?"

Para el otoño de 2012, parecía que Mingora había regresado a la normalidad. El ejército pakistaní había sacado a los talibanes de la ciudad. Una vez más, las calles estaban llenas de vida, con motocicletas y bicitaxis. Los niños jugaban críquet afuera. El cine y las peluquerías estaban abiertos. Algunos

de los programas favoritos de Malala regresaban a la televisión. Muchas escuelas se reconstruyeron, y las niñas de Mingora regresaron a sus clases.

Malala se volvió famosa. En 2011, la fundación *Dutch KidsRight* la nominó al Premio Internacional de los Niños por la Paz. El premio se otorga todos los años a un niño "cuyos actos e ideas, valerosos o notables, marcaron la diferencia al contrarrestar problemas que afectan a niños de todo el mundo".

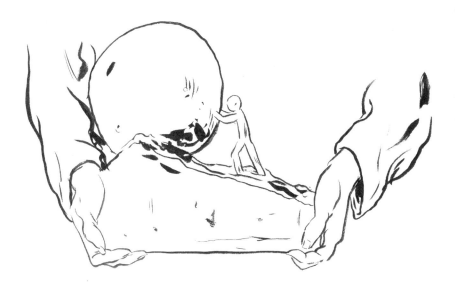

Ella no ganó ese año, pero fue un honor ser reconocida.

Ese mismo año, el primer ministro de Pakistán había establecido el Premio Nacional de la Juventud por la Paz. Se les entregaría cada año a niños menores de dieciocho años que hubieran hecho el mayor esfuerzo por la paz. Malala recibió el premio. El nombre del premio se cambió más adelante a Premio Nacional Malala por la Paz.

Su familia estaba orgullosa de ella, pero empezaban a sentir miedo. Malala pocas veces caminaba a la escuela o de regreso. Todos sabían que los talibanes seguían cerca. Estaban en algún lugar de las montañas que rodean Mingora. Nadie sabía lo que harían después.

El 9 de octubre de 2012, Malala, feliz y orgullosa, subió al autobús de la escuela con sus amigas. Había estudiado mucho para un examen y estaba segura de que había hecho un buen trabajo. Era un tibio día de otoño y las hojas empezaban a cambiar de color a rojo, café y amarillo. Malala tenía quince años.

El pequeño autobús no era realmente un autobús. Era más como una camioneta con tres filas de asientos y un techo. Los lados estaban cubiertos, pero la parte de atrás estaba abierta. El autobús iba lleno de estudiantes y maestros. Malala iba sentada junto a su amiga Moniba. Todos habían estado cantando y hablando de los exámenes. De pronto el autobús se paró y un hombre con un arma se asomó a la parte de atrás del mismo.

"¿Quién es Malala?", preguntó el hombre.

Algunas niñas miraron a Malala. El hombre siguió sus miradas. Sabía que la niña a la que estaban mirando debía ser la que estaba buscando.

El hombre apuntó a Malala con su arma y jaló el gatillo.

Malala recuerda muy poco de lo que pasó después. No recuerda que le hayan disparado en la

cabeza. No recuerda el viaje en helicóptero al hospital militar en Peshawar, Pakistán, ni a su padre llegando, ni la cirugía que le salvó la vida. No sabía lo grave que llegó a estar después de la operación ni la respuesta a lo que había pasado. El hospital estaba rodeado de reporteros. La foto de Malala apareció en los periódicos de todo el mundo. Un talibán de la localidad le había disparado a Malala, decían los artículos.

La noticia enojó a todos, primero en Pakistán, luego en todo el mundo. Nadie podía creer que le hubieran disparado a una niña. Una niña musulmana lastimada de esa forma era inaudito.

Ahora, Malala era famosa en todo el mundo. Algunas historias la mostraban demasiado buena para ser verdad. Pero Malala era una niña normal. Le gustaban las canciones de Justin Bieber. Su color favorito era el rosa. No le gustaba levantarse temprano. Pasaba mucho tiempo cambiándose el peinado. Deseaba no ser tan baja de estatura. Y realmente disfrutaba ir a la escuela, como millones de niños. Pero su amor al estudio era la razón por la que le habían disparado.

Malala estaba viva, pero seguía grave. Todos en el hospital estaban preocupados por ella. La operación fue un éxito, pero los doctores sabían que iba a necesitar de los mejores cuidados para recuperarse completamente. La trasladaron a un hospital más grande en Pakistán. Ella tampoco recuerda eso.

Pronto, Malala mejoró lo suficiente para que la pudieran mover de nuevo; esta vez a un hospital en Birmingham, Inglaterra, que se especializa en lesiones como la de ella.

Capítulo 7
Lo único que quiero es educación

Malala despertó el 16 de octubre. Una semana antes, iba cantando en un camión en Mingora. Ahora estaba en Inglaterra, a más de cuatro mil millas de casa. Nada le parecía familiar.

Malala miró a su alrededor y se dio cuenta de que estaba en un hospital. Los doctores y enfermeras hablaban en inglés. Ella no podía hablar porque tenía un tubo que la ayudaba a respirar. Alguien le acercó un pizarrón con un abecedario escrito. Malala pudo deletrear dos palabras señalando con el dedo: *país* y *padre*.

Le dijeron que estaba en Inglaterra. Su padre vendría pronto con el resto de su familia.

Unos días después, le quitaron el tubo para respirar. Los doctores no sabían si podría hablar. Todos esperaron. Llamaron a alguien que hablara urdu. Malala preguntó dónde estaba y qué había pasado. Recordaba el camión de la escuela, pero nada más. ¿Vendría su mamá? ¿Y sus hermanos? ¿Cuándo llegarían?

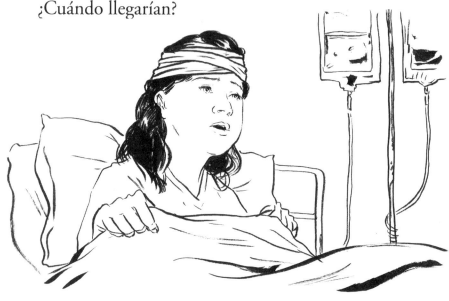

Los doctores estaban contentos de ver que podía hablar. Pero le tomaría mucho tiempo recuperarse. No podía mover la cara correctamente. Tenía dañado el oído. Iba a necesitar más operaciones.

Cuando llegó su familia, se instalaron en un departamento cercano. Después, cuando Malala

salió del hospital, se mudaron a una casa más grande en Birmingham, cerca de la escuela a la que ella iría.

Para recuperarse, Malala necesitaba meses de ejercicio y terapia especiales. Debía caminar, primero una distancia corta, luego más larga y más larga.

A veces, cuando caminaba por las calles de Birmingham, se sentía triste. Extrañaba su casa en Pakistán. Todo era diferente. La ropa, la comida, las tiendas, el clima. La gente era amable, pero eran nuevos amigos que no compartían los mismos recuerdos e historias. Cuando no estaba en la escuela o haciendo tareas, hablaba con Moniba y sus otras amigas por Skype en la computadora.

Malala se preguntaba si vería Pakistán otra vez.

También era difícil para el resto de la familia. Salieron de Pakistán con prisa. No pudieron empacar sus cosas favoritas. Extrañaban a sus amigos que se reunían en su casa de Mingora. Extrañaban ver la puesta del sol detrás de las montañas. Ahora se sentían seguros, pero también estaban solos. Todos se preguntaban cuándo volverían a ver su patria.

Capítulo 8
Cada mujer, cada niño, cada niña

La noticia del atentado contra Malala se propagó rápidamente por el mundo. La gente en todas partes estaba horrorizada. Esta niña quería ir a la escuela. Escribía un diario. Expresaba sus opiniones. Le pidió al mundo que la ayudara a tener una educación. Por esto, estuvo a punto de perder la vida.

BAN KI-MOON

Un mes después, en noviembre de 2012, Ban Ki-moon, el secretario de la Organización de las Naciones Unidas (ONU), declaró que el 12 de julio de 2013, el día en que Malala cumplía dieciséis años, sería el Día de Malala en la ONU.

Malala fue invitada a hablar en la Asamblea de la Juventud de la ONU en la ciudad de Nueva York. Cada año, jóvenes de todo el mundo se reúnen con diplomáticos de la ONU. Hablan sobre lo que se puede hacer para ayudar a los niños de sus países que son forzados a trabajar en tareas muy duras desde muy pequeños y a las niñas pequeñas que son forzadas a casarse. Los diplomáticos descubren historias de niños como Malala, que tienen prohibido ir a la escuela.

Para el verano de 2013, Malala estaba mucho mejor de salud y pudo viajar a Estados Unidos. Le tomó nueve meses recuperarse de las heridas. La operación en su cara fue un éxito. Una operación para mejorarle el oído también salió bien. Malala estaba lista para mostrarle al mundo que un terrorista con un arma no la iba a detener. Seguiría alzando la voz.

LA ORGANIZACIÓN DE LAS NACIONES UNIDAS

EN 1945, AL FINAL DE LA SEGUNDA GUERRA MUNDIAL, NACIONES DE TODO EL MUNDO COINCIDIERON EN QUE NECESITABAN UN LUGAR DONDE LOS PAÍSES PUDIERAN TRABAJAR JUNTOS PARA AYUDAR A MANTENER LA PAZ. ESE ERA EL PROPÓSITO DE LA ORGANIZACIÓN DE LAS NACIONES UNIDAS (ONU). SE DECIDIÓ QUE LOS EDIFICIOS DE LA ONU IBAN A ESTAR EN LA CIUDAD DE NUEVA YORK. LOS MÁS FAMOSOS SON EL EDIFICIO ALTO DE VIDRIO DE LA SECRETARÍA Y EL DOMO DE LA ASAMBLEA GENERAL. PARA 2014, 193 PAÍSES ERAN MIEMBROS DE LA ONU. LOS DELEGADOS SE REÚNEN EN EL AUDITORIO DE LA ASAMBLEA GENERAL. CONSIDERAN MUCHOS PROBLEMAS MUNDIALES: LOS DERECHOS DE LOS NIÑOS, LA POBREZA, LOS PAÍSES EN GUERRA. ESCUCHAN A LOS ORADORES Y VOTAN. AL JEFE DE LA ONU SE LE LLAMA SECRETARIO GENERAL.

El 12 de julio de 2013, Malala llegó a las ofici-
nas generales de la ONU con su familia para una
reunión de todo el día. En la ceremonia de aper-
tura, le cantaron el "Feliz cumpleaños".

El auditorio estaba lleno de diplomáticos y casi mil jóvenes de todo el mundo. Cuando ella se acercó al podio, la ovacionaron de pie. Malala empezó a

hablar. Hablaba en inglés. Sus palabras eran traducidas a muchos idiomas a través de audífonos. Así todos en el auditorio la podían entender.

"Pensaron que las balas nos iban a callar, pero fracasaron", dijo. "Y del silencio salieron miles de voces. Los terroristas pensaron que iban a cambiar mis metas y a detener mis ambiciones. Pero nada cambió en mi vida excepto esto: la debilidad, el miedo y la desesperanza murieron. La fuerza, el poder y el valor nacieron".

Malala habló de lo que le había pasado nueve meses atrás. No odiaba al hombre que le disparó. De hecho, no le dispararía si tuviera un arma. En lo que se quería enfocar era en la necesidad de paz. Mencionó a Martin Luther King, Jr., a Mahatma Gandhi y a la Madre Teresa, quienes lucharon pacíficamente por sus derechos.

MARTIN LUTHER KING, JR.

Malala dijo: "El Día de Malala no es mío. Hoy es el día de cada mujer, cada niño y cada niña que ha alzado la voz por sus derechos".

MAHATMA GANDHI (1869–1948)

MAHATMA GANDHI ERA UN GRAN LÍDER. SE PASÓ LA VIDA TRATANDO DE AYUDAR A LA GENTE DE LA INDIA. LA INDIA ESTABA GOBERNADA POR GRAN BRETAÑA EN AQUELLA ÉPOCA. MUCHA GENTE QUERÍA CAMBIAR ESO. CREÍAN QUE LA INDIA DEBÍA GOBERNARSE SOLA. ALGUNAS PERSONAS PENSABAN QUE LA INDIA DEBÍA INICIAR UNA GUERRA CONTRA GRAN BRETAÑA, PERO GANDHI NO CREÍA EN LA GUERRA. NO CREÍA EN LA VIOLENCIA. PENSABA QUE EL CAMBIO DEBÍA LLEGAR A TRAVÉS DE MÉTODOS PACÍFICOS, COMO EXPRESAR SU OPINIÓN. ORGANIZÓ MARCHAS PACÍFICAS. MÁS Y MÁS GENTE SE UNIÓ A SU CAUSA. DEJARON DE IR A TRABAJAR. DEJARON DE COMPRAR PRODUCTOS BRITÁNICOS.

EN 1947, LA INDIA LOGRÓ SU LIBERTAD. LA GENTE CELEBRABA EN LAS CALLES. OVACIONABAN A GANDHI, SU GRAN LÍDER. LO LLAMARON EL PADRE DE LA PATRIA.

Su padre la escuchaba con orgullo desde la primera fila. A su lado, su madre se secaba las lágrimas mientras escuchaba a su hija. Como su esposo, Tor Pekai siempre creyó en la educación para las

niñas. Pero la lucha de Malala por los derechos de las mujeres y las niñas también había cambiado a su madre. Tor Pekai ahora iba a la escuela. Aprendió a leer y escribir. Estudiaba duro para aprender inglés. Malala la ayudaba con su tarea.

LA MADRE TERESA (1910–1997)

LA MADRE TERESA ERA UNA MONJA CATÓLICA QUE DEDICÓ SU VIDA A AYUDAR A LAS PERSONAS MÁS NECESITADAS DE LA INDIA. LA MAYORÍA ERAN MUY POBRES. ALGUNOS NO PODÍAN CAMINAR PORQUE ESTABAN DEMASIADO ENFERMOS. LA MADRE TERESA FUNDÓ UNA ESCUELA EN LA CIUDAD DE CALCUTA (CUYO NOMBRE OFICIAL ES KOLKATA) DONDE SE DABAN CLASES A CUALQUIER NIÑO QUE QUISIERA APRENDER. ABRIÓ UN HOSPITAL DONDE SE TRATABAN A PERSONAS QUE NO PODÍAN PAGAR. ELLA BUSCABA COMIDA PARA TODOS LOS QUE ESTABAN HAMBRIENTOS, Y MUCHAS VECES ELLA MISMA SE QUEDÓ CON HAMBRE PARA QUE LOS DEMÁS PUDIERAN COMER. LA GENTE LLEGABA DE TODA LA INDIA. A NADIE SE LE NEGABA LA AYUDA. EN 1979, LA MADRE TERESA DE CALCUTA RECIBIÓ EL PREMIO NOBEL DE LA PAZ.

Esa noche, en noticieros de todo el mundo salieron partes del discurso de Malala. Como Gandhi, Martin Luther King, Jr. y Nelson Mandela antes que ella, Malala había empezado un movimiento pacífico para provocar un cambio. "La educación es la única solución", dijo. "La educación es primero".

NELSON MANDELA

Capítulo 9
Una niña con un libro

La vida cambió muy rápido para Malala. A los once años de edad, hablaba con reporteros de su ciudad sobre lo que pasaba en Mingora. El día en que cumplió dieciséis, gente de todas partes del mundo la escuchaba hablar en la ONU. Tres meses después, su libro *Yo soy Malala* fue publicado y se volvió un éxito de ventas en todo el mundo. Una versión más corta para niños se publicó al año siguiente.

El 10 de octubre de 2014, el Comité del Premio Nobel anunció a los ganadores del Premio Nobel de la Paz.

El premio se otorga a personas que trabajan para mejorar el mundo. En 2014, la pakistaní Malala Yousafzai, de diecisiete años, fue elegida para compartir el Premio Nobel de la Paz.

El otro ganador fue el indio Kailash Satyarthi, de sesenta años. El comité los honraba "por su lucha contra la represión de niños y jóvenes y por el derecho de todos los niños a la educación".

KAILASH SATYARTHI

EL PREMIO NOBEL

ALFRED NOBEL FUE UN QUÍMICO E INVENTOR SUECO. NACIÓ EN 1833 Y MURIÓ EN 1896. ESCRIBIÓ OBRAS DE TEATRO Y POESÍA. TAMBIÉN INVENTÓ LA DINAMITA Y SE VOLVIÓ MUY RICO. EN SU TESTAMENTO, LE DEJÓ LA MAYORÍA DE SU DINERO A PERSONAS QUE HUBIERAN AYUDADO A CAMBIAR EL MUNDO DE MANERA IMPORTANTE. EL PREMIO DE LA PAZ SE LE DARÍA A QUIEN HUBIERA HECHO MÁS POR LOGRAR LA PAZ.

LOS PREMIOS NOBEL SE ENTREGAN CADA AÑO POR LOS LOGROS MÁS IMPORTANDES EN FÍSICA, QUÍMICA, MEDICINA, LITERATURA, ECONOMÍA Y PAZ. LOS PREMIOS SE PRESENTAN EL 10 DE DICIEMBRE, EN EL ANIVERSARIO DE LA MUERTE DE ALFRED NOBEL.

ALFRED NOBEL

Malala es la persona más joven que ha ganado un premio Nobel. Sus héroes Martin Luther King, Jr., la Madre Teresa y Nelson Mandela habían ganado el Premio Nobel de la Paz muchos años antes que ella.

Malala estaba en clase de química en Birmingham cuando le dijeron que había ganado el premio. Eran las 10:15 a. m. Un maestro llegó al salón y se lo comunicó.

¿Y qué hizo Malala?

Se quedó en la escuela. Fue a sus clases de física y de inglés. Decidió que debía ser un día normal. Pero por supuesto que ¡no era un día normal!

Malala estaba feliz de compartir el premio con Kailash Satyarthi. Él era de la India y había hecho mucho por evitar que los niños fueran vendidos como esclavos. En el pasado, hubo tensiones entre la India y Pakistán, el país de Malala. Tal vez podrían trabajar juntos para crear una amistad entre los dos países. Cuando se enteró de que ganaron, Malala dijo: "Una es de Pakistán. El otro es de la India. Uno cree en el hinduismo. La otra cree fervientemente en el islamismo. Esto le da un mensaje a la gente, un mensaje de amor entre Pakistán y la India y entre personas de religiones diferentes. Y los dos nos apoyamos. No importa el color de tu piel, el idioma que hables o la religión en la que crees. Lo que importa es que todos nos consideramos seres humanos".

El 10 de diciembre de 2014, Malala y Kailash compartieron el escenario en la ceremonia de entrega del Premio Nobel de la Paz en Oslo, Noruega. En su discurso, Malala dijo: "Este premio no es solo para mí. Es para aquellos niños olvidados que quieren educación. Es para aquellos niños atemorizados que quieren paz. Es para aquellos niños sin voz que quieren un cambio".

KAILASH SATYARTHI

KAILASH SATYARTHI NACIÓ EN LA CIUDAD DE VIDISHA, EN EL CENTRO DE LA INDIA. CUANDO ERA NIÑO, VIO QUE MUCHOS NIÑOS NO IBAN A LA ESCUELA. SUS FAMILIAS ERAN MUY POBRES Y LOS NIÑOS ERAN FORZADOS A TRABAJAR. ALGUNOS TRABAJABAN LARGAS HORAS EN FÁBRICAS. OTROS ERAN ENVIADOS A TRABAJAR EN PAÍSES LEJANOS. COMO MALALA, KAILASH AMABA LA ESCUELA Y NO PODÍA IMAGINAR NO TENER LA OPORTUNIDAD DE APRENDER. ÉL Y UN AMIGO LE PIDIERON A LA GENTE LIBROS VIEJOS. EN UN DÍA, RECOLECTARON CASI DOS MIL. LOS PUSIERON EN UN BANCO DE LIBROS PARA QUE NIÑOS, RICOS Y POBRES, LOS SACARAN EN PRÉSTAMO PARA LEERLOS. CUANDO CRECIÓ, KAILASH DEDICÓ SU VIDA A RESCATAR NIÑOS FORZADOS A TRABAJAR. HA SALVADO A MILES DE NIÑOS. EN 1998, ORGANIZÓ UNA MARCHA PARA LLAMAR LA ATENCIÓN SOBRE LOS NIÑOS DE TODO EL MUNDO QUE HACÍAN TRABAJOS FORZOSOS EN VEZ DE IR A LA ESCUELA. MÁS DE SIETE MILLONES DE PERSONAS PARTICIPARON EN 103 PAÍSES.

Como todos los ganadores del premio Nobel, Malala recibió una medalla de oro y un premio en dinero. Su parte del dinero (más de medio millón de dólares) fue al Fondo Malala, que ayuda a niños de todo el mundo a recibir educación. El Fondo Malala recauda dinero para construir y reparar escuelas. Se asegura de que haya lugares seguros donde las niñas, que antes eran forzadas a trabajar o casarse, puedan estudiar y aprender. Ayuda a las niñas a alzar la voz por su derecho de ir a la escuela.

Ahora el nombre de Malala y su cara, con esa sonrisa tímida y hermosa, son conocidos por todo el mundo. Nunca planeó ser famosa. Solo había una cosa que ella quería. Era algo que la mayoría de los niños dan por hecho. Era algo por lo que valía la pena luchar: el derecho a ir a la escuela.

LÍNEA CRONOLÓGICA DE LA VIDA DE MALALA YOUSAFZAI

1997 —Malala Yousafzai nace en Mingora, Pakistán, el 12 de julio.

2008 —Habla con reporteros de su ciudad sobre el cierre de las escuelas femeninas en Mingora.

2009 —El blog *Diario de una estudiante pakistaní* es publicado en el sitio web de la BBC en urdu.
El Talibán cierra las escuelas femeninas en Mingora.

2011 —Se le otorga el Premio Nacional de la Juventud por la Paz de Pakistán.

2012 —Un talibán le dispara el 9 de octubre.
La familia se muda a Birmingham, Inglaterra.
Se inicia el Fondo Malala.

2013 —Se le otorga el Premio Internacional de los Niños por la Paz de la fundación *Dutch Kids Right*.
Habla frente a la Asamblea de la Juventud de la ONU el 12 de julio, el día de su cumpleaños número dieciséis. Es el Día de Malala en la ONU.
Se publica su autobiografía, *Yo soy Malala*.

2014 —Se le otorga el Premio Nobel de la Paz, compartido con Kailash Satyarthi, de la India, el 10 de diciembre.
Se publica la versión para niños del libro *Yo soy Malala*.

LÍNEA CRONOLÓGICA DEL MUNDO

La princesa Diana muere en un accidente de coche en París. — **1997**

Se funda Google. — **1998**

Después de las elecciones de 2000, la Corte Suprema — **2000** de EE. UU. decide que George W. Bush sería el presidente número cuarenta y tres de EE. UU.

Terroristas de Al-Qaeda secuestran cuatro aviones y llevan a — **2001** cabo los ataques al World Trade Center y al Pentágono el 11 de septiembre.

Empieza la Guerra de Irak. — **2003**

Empieza el segundo término del presidente George W. Bush. — **2005**

La compañía Apple lanza el iPhone. — **2007**

Barack Obama es elegido como el primer presidente — **2008** afroamericano de EE. UU.

Osama bin Laden, autor intelectual de los ataques del 11 de — **2011** septiembre, muere a manos de fuerzas especiales de EE. UU. en Pakistán.

Barack Obama es reelegido como presidente de EE. UU. — **2012**

El papa Benedicto XVI anuncia su renuncia. — **2013**

Hombres armados talibanes invaden una escuela en Peshawar, — **2014** Pakistán, y matan a por lo menos 141 personas; casi todos son niños.

Colección ¿Qué fue...? / ¿Qué es...?

El Álamo	La isla Ellis
La batalla de Gettysburg	La Marcha de Washington
El Día D	El Motín del Té
La Estatua de la Libertad	Pearl Harbor
La expedición de Lewis y Clark	Pompeya
La Fiebre del Oro	El Primer Día de Acción de Gracias
La Gran Depresión	El Tren Clandestino

Colección ¿Quién fue...? / ¿Quién es...?

Albert Einstein	La Madre Teresa
Alexander Graham Bell	Malala Yousafzai
Amelia Earhart	María Antonieta
Ana Frank	Marie Curie
Benjamín Franklin	Mark Twain
Betsy Ross	Nelson Mandela
Fernando de Magallanes	Paul Revere
Franklin Roosevelt	El rey Tut
Harriet Beecher Stowe	Robert E. Lee
Harriet Tubman	Roberto Clemente
Harry Houdini	Rosa Parks
Los hermanos Wright	Tomás Jefferson
Louis Armstrong	Woodrow Wilson